Die Bilder der Seele sprechen lassen

Sieben Wege zum
kreativen Älterwerden
Erster Weg

Norbert Wickbold

Die Bilder der Seele sprechen lassen

Sieben Wege zum kreativen Älterwerden
Erster Weg

1. Auflage
Copyright © 2021 by Norbert Wickbold
Layout, Umschlaggestaltung und Illustration: Norbert Wickbold
Korrektorin: Irene Wickbold
Verlag & Druck: tredition GmbH, Halenreie 40-44, 22359 Hamburg

ISBN: 978-3-347-21315-9 (Paperback)
ISBN: 978-3-347-21316-6 (Hardcover)
ISBN: 978-3-347-21317-3 (e-Book)

Bibliografische Information der Deutschen Nationalbibliothek:
Die Deutsche Nationalbibliothek verzeichnet diese Publikation in der Deutschen Nationalbibliografie; detaillierte bibliografische Daten sind im Internet über http://dnb.d-nb.de abrufbar.

Inhalt

Vorwort

Im Laufe des Lebens haben sich viele Bilder in unser Seelenleben eingeprägt. Manche haben den Charakter eines Vorbildes, eines Traumbildes oder eines Wunschbildes. Sie können Grundlage für die Art sein, wie wir unsere Vorstellungen ins Leben bringen. Andere sind eher Zerrbilder, Trugbilder oder gar Feindbilder und haben eine abschreckende Wirkung. Hier sind die Ängste und Abneigungen zu finden, die uns bei unseren Vorhaben im Wege stehen. Gerade diese ungeliebten und oftmals verdrängten Bilder treten im Alter wieder in den Vordergrund, damit wir sie, sollte es bisher nicht geschehen sein, nun bearbeiten und integrieren.

So gilt es einen kreativ-schöpferischen Prozess zu beschreiten, der es ermöglicht, Neues zu erschaffen und Altes zu wandeln oder zu erlösen. In diesem Zusammenhang heißt erlösen, das Ausgesperrte wieder zu uns zu nehmen, um es zu integrieren.

Sich vom Gewohnten und Altbekannten zu lösen ist oft schmerzhaft. Verbunden mit einem

Leidensprozess, der die Chance in sich birgt, zu einem Wachstumsprozess zu werden, aber auch die Gefahr beinhaltet, in einen Sterbeprozess umzuschlagen. Oft geht damit einher, dass eine Durststrecke überwunden werden muss.

Aus einer distanzierten Betrachtung lassen sich keine persönlichen Erfahrungen machen. Deshalb werde ich im Weiteren das persönliche Du verwenden. Mangelt es Dir beim Kreationsprozess an der erforderlichen Beharrlichkeit, so kann es geschehen, dass Du den Weg der Kreation verlässt und Dich in der Phase der Depression wiederfindest, also in der vierten Phase des Sterbeprozesses. Was als Aufbauprozess begann, endet dann als Abbauprozess.

Auch das Alter wird oft als Abbauprozess wahrgenommen. Gelingt es Dir, diesen Abbauprozess in einen Kreationsprozess zu wandeln, kannst Du Dich auch im Alter neu entdecken und neue Wege beschreiten. Dieses Büchlein soll Dir einen Weg dazu aufzeigen.

Norbert Wickbold

 A

Wie Rumpelstielschen erst die Lösung war und dann zum Problem wurde

und was wir von ihm lernen können

Sicher kennt jeder die Geschichte vom Rumpelstielschen. Es taucht in der größten Not als Retter auf und wenn wir nicht mehr daran denken, kommt es, und fordert für seine Dienste von uns einen hohen Preis: Die Früchte unseres Lebens! Erst wenn wir das Ding beim Namen nennen können, kann es uns nichts mehr anhaben, und es verliert all seine Macht über uns. Bis dahin ruft es insgeheim freudig aus:

„Ach wie gut, dass niemand weiß,
dass ich Rumpelstielschen heiß!"

Das Rumpelstielschen

tritt in unser Leben, weil wir uns um Angele-
genheiten, für die wir selbst verantwortlich sind,
nicht gekümmert haben. Die Verantwortung für
das eigene Älterwerden und die uns gemäße Ent-
wicklung dorthin liegt bei uns. Haben wir uns
davor gedrückt, wird das Rumpelstielschen zu
einem für uns ungünstigen Zeitpunkt erscheinen
und seinen Preis fordern. Solange wir wie Un-
wissende oder wie Schlafende sind, hat es Macht
über uns. Manchmal haben wir schöne Träume
und hegen sie in unserem Inneren. Dennoch gelingt es uns nicht, unsere Träume zu leben, weil
uns etwas Unbekanntes davon abhält. Es ist wie
eine unsichtbare Glasscheibe, gegen die wir an-
rennen, an der wir uns Beulen holen und die uns
auf uns selbst zurückwirft.

Das Märchen ist ein Bild einer im Verborgenen
wirkenden Teilpersönlichkeit. Sind wir wachsam
und können unser Rumpelstielschen beim Namen nennen, verliert es seine Macht und wir ge-
winnen die Freiheit über unser Leben und unsere
Lebensträume zurück. Jetzt können wir selbst die

Bild 1

Früchte unserer Arbeit ernten. Wenn wir mithilfe von Bildern Mächte, die im Verborgenen wirken, erkennen und benennen können, werden wir sie auch wandeln können. Durch malen, meditieren oder in einer Therapie können wir sie anschauen und uns mit ihnen vertraut machen.

Verborgene Wirkmächte ins Bild setzen

Bild 2

„Und wenn du mich fragst:

Soll ich jenen dort aufwecken oder ihn schlafen lassen, damit er glücklich sei?«, so würde ich dir antworten, dass ich nichts über das Glück weiß. Aber würdest du deinen Freund schlafen lassen, wenn ein Nordlicht am Himmel stünde? Keiner darf schlafen, wenn er es kennenlernen kann. Und gewiss liebt jener seinen Schlaf und wälzt sich wohlig darin, du aber entreiße ihn seinem Glück und wirf ihn hinaus, damit er werde.“

Saint Exupéry

Die Bilder Deiner Seele sprechen lassen

Erster Weg

Das Alter scheint schon sehr paradox zu sein:
Je mehr Du im Alter vor Dir selbst wegläufst und Dich weigerst, Dich weiter zu entwickeln, um so mehr Beschwerlichkeiten hindern Dich daran, so weiter zu leben, wie Du es bisher getan hast.

Und je mehr Beschwerlichkeiten Dich einschränken, um so weniger fühlst Du Dich in der Lage, der Verwirklichung Deines Selbst und Deiner Träume entgegenzugehen.

Was kann sich auf diese Weise herausbilden? Wie kann dieses Bild gewandelt werden?

Die Botschaft des Bildes für Dich erkennen

Das Leben reißt Dich aus Deiner Ruhe,

weil Du noch eine wichtige Aufgabe zu vollenden hast, weil Du Dein Selbst noch nicht vollendet hast.

Doch was ist, wenn Du lieber weiterschlafen willst? Wenn Du Dich nicht weiter entwickeln willst? Dann wirst Du Dich über diejenigen ärgern, die Deine Ruhe stören und Deine Sicherheit ins Wanken bringen. Bald findest Du Dich in allerlei Kämpfen wieder. Vielleicht kämpfst Du gegen das Böse, gegen böse, egoistische oder sonst wie feindselige Mitmenschen. Doch dies sind letztlich Kämpfe gegen Dich selbst.

Denn Dein Selbst drängt nach seiner Verwirklichung. Dein Selbst will mit Dir wachsen und reifen. Deshalb schickt es Dir diese Menschen um Dich an Deinen Auftrag zu erinnern, dem Du nicht aus den Weg gehen kannst. Vielleicht flüchtest Du wie Jonas einst bis ans Ende der Welt, gerätst in Stürme, wirst ins Meer, also in Dein unberechenbares Seelenleben geworfen und musst drei Tage im Fischbauch ausharren, d. h., Du wirst für einige Zeit von Deinem eigenen Inneren, von Deinen dunklen Seelenanteilen verschluckt, um gewandelt und gereift wieder ans Licht zu kommen und Deiner Erfüllung entgegenzugehen.

Der Weltgeist will nicht fesseln uns und engen,
Er will uns Stuf' um Stufe heben, weiten.

Hermann Hesse

Bild 3

Krisen und Leiden gibt es nicht nur im Alter

Doch im Alter gelingt es kaum noch, Dich den unbearbeiteten Lebensthemen zu entziehen. Es führt kein Weg am Leiden im Alter vorbei, sondern nur einer hindurch. Du wirst den Mut aufbringen müssen, ungeliebte Lebensthemen auzuschauen und sie bearbeiten. Das bedeutet: Alter ist nichts für Feiglinge. Die wichtigste Aufgabe von Leid und Schmerz ist es, Dich auf etwas aufmerksam zu machen, damit Du Dein Bewusstsein auf diesen Bereich Deines Körpers, Deiner Gefühle oder Gedanken konzentrierst und in einer bestimmten Weise Dein Verhalten wandeln kannst. Machst Du das nicht, werden die Schmerzen und das Leiden zunehmen. Dies geschieht so lange, bis es Dir nicht mehr möglich ist, Dich davor zu drücken und Du Dich gewandelt hast. Andernfalls wird der Schmerz Dich oder einen Teil von Dir bzw. Deines Körpers verändern. Wenn aber ein Teil etwa Deines Körpers Schaden genommen hat, ist es wesentlich schwieriger, Deine eigentliche Aufgabe zu erfüllen. Jetzt kannst Du Dich erneut hinter dem Leiden verstecken, was scheinbar durch den körperlichen Verlust verursacht wurde. Du könntest etwa eine Altersweitsichtigkeit entwickeln, damit Du Dich nicht mehr im alltäglichen Kleinkram verlierst und stattdessen die Dinge mit mehr Weitblick betrachtest. Anstatt Dich ganz und gar im Sorgen darum zu verlieren, ob das Essen zur gewohnten Zeit kommt, ob Du rechtzeitig zu Hause bist, wenn die Putzfrau kommt oder ob die Bettdecke vom Pflegedienst in der richtigen Weise gefaltet wird, solltest Du im Alter für diese Dinge eine gewisse heitere Gelassenheit entwickelt haben und mit Weitblick Dein Leben und Umfeld weise überschauen. Oder Du wirst mit den Jahren schwerhörig. Das kann ein Hinweis darauf sein, endlich aus einer lange geübten Hörigkeit auszubrechen. Oder Deine innere Stimme sagt Dir, dass es nun Zeit ist, nicht mehr weiter zu gehorchen. Auch nicht der Not. Die Botschaft lautet:

Auf Dich und Deine innere Stimme hören

Auf Dich und Deine innere Stimme zu hören führt gemäß Deiner Haltung und den prägenden Glaubenssätzen zu einem der folgenden

Hauptwege des Leidens:

Im Einleitungsband habe ich erklärt:

Das Aufgeben lieb gewonnener Gewohnheiten kommt oftmals einem Sterbeprozess gleich. Deshalb liegt es nahe, die Wege des Leidens mit den im Einleitungsband beschriebenen Sterbephasen zu vergleichen. Zur besseren Veranschaulichung habe ich auf der nächsten Seite diese beiden nebeneinandergestellt.

Deine Krisen bewältigen!

Die Phasen im Sterbeprozess (Kübler-Ross) entsprechen den Hauptwegen des Leidens

1. Verleugnen, Schock   > kognitives Leiden

2. Zorn, Emotion   > emotionales Leiden

3. Verhandeln   > körperliches Leiden

4. vorber. Depression   > geistiges Leiden

5. Einwilligung — gesteigertes Selbstvertrauen

Wie die Sterbephasen, so münden auch die Phasen des Leidens in einem gesteigerten Selbstvertrauen. Selbstvertrauen erweist sich als die beste Voraussetzung dafür, Dich an die Verwirklichung Deiner Träume zu machen. Wenn Du schließlich diese Phasen durchlaufen hast, dann wird es Dir gelungen sein, die Krise zu bewältigen.

 **1**

Deine Träume zu leben wagen!

Bild 4

*Man muss sich erst einmal so leicht
gemacht haben, dass man sich vom
Wind forttragen lassen könnte,
um etwas Wirkliches beginnen
zu können, das lebensfähig ist.*

Jean Gebser

Die moderne Lebenswelt

ist eine von außen vorgegebene Erlebniswelt. Sie lenkt Dich von der Beschäftigung mit Dir selbst ab. Fällt es Dir schwer, Stille oder Zeiten, in denen kein anderer Mensch – auch nicht über Smartphone– in Deiner Nähe ist, auszuhalten und zu ertragen? Kannst Du ganz allein mit Dir selbst sein? Ist es für Dich unerträglich langweilig? Oder kannst Du es sprich, kannst Du Dich selbst aushalten? Wenn Du nicht mehr richtig bei Dir bist, hast Du möglicherweise ein ständiges *»Außer-Dir-Sein«* kultiviert.

Kann es sein, dass Du, wie viele Menschen im Laufe des Lebens den Zugang zu den reichen Quellen im Inneren verloren hast? Diese Quellen sind es, die es Dir jederzeit ermöglichen, Schöpfer Deines Lebens zu sein. Andernfalls könntest Du Dich mit zunehmendem Alter eher als eine erschöpfte Kreatur empfinden. Doch zum Älterwerden gehört, dass gerade das *»Aus-Dich-Gehen«* immer weniger gelingt.

Die Chancen des Alters nutzen

Bild 5

Gleichzeitig bietet Dir das Alter auch reichlich Chancen und Möglichkeiten zum bewussten *»In-Dich-Gehen.«*

Das wiederum ermöglicht Dir ein wirkliches *»Zu-Dir-Kommen.«*

So gesehen kann der Reifungsprozess auch zu einem Prozess Deiner Selbstfindung werden.

Hin zu Dir selbst reifen

Wenn Du zu Dir selbst gekommen bist, kannst Du auch etwas Eigenes aus Dir hervorbringen. Du kannst kreativ sein und Dich selbst neu erleben.

Genau hierdurch findet ein wirkliches Erleben statt. So wirst Du vom passiven Konsumenten zum aktiven Produzenten, vom haltlosen Sucher zum gehaltvollen Finder. Und es ist nichts Geringes, was Du auf diese Weise findest:

Du findest Dein Selbst!

Zu Dir kommen und Deine Kreativität entdecken

Bild 6

2

Der kreativ-schöpferische Prozess

kann nun beginnen. Er wirkt manchmal wie das vielfach kritisierte Prinzip von Versuch und Irrtum. Dennoch ist jeder Schritt im schöpferischen Prozess ein Schritt auf ein Ziel hin. Ein Ziel, dass sich manchmal erst später zu erkennen gibt. Bis dahin kann es unklar bleiben, welche Bedeutung die einzelnen Schritte haben.

Diese Unklarheit oder Ungewissheit gilt es auszuhalten. Dabei sollte kein Schritt als Irrtum aufgefasst werden. Vielleicht siehst Du zunächst nur Teile. Plötzlich erscheint Dir das ganze vollständige Bild. Du bekommst plötzlich etwas, von dem Du den Eindruck hast, dass Du es trotz intensiven Strebens nicht nur als Ergebnis Deines eigenen Strebens auffassen kannst. Vielleicht könntest Du es eher als eine Eingebung bezeichnen.

Ungewissheit aushalten können

Bild 7

Der kreative Prozess verläuft nach Wallas in vier Phasen:

1. Preparation
Phase der Vorbereitung
Das Problem wird als solches erkannt

2. Inkubation
Phase der Verunsicherung
Man glaubt, nie eine Lösung zu
finden und fühlt sich schlecht

3. Illumination
Phase der Einsicht, der Geistesblitz

4. Verifikation
Phase der Elaboration,
Gestaltungsphase

Preparation:

Aus einer Fülle von Möglichkeiten greifst du eine heraus, um mit ihr die Angelegenheit anzugehen. Die Sache erweist sich als immer komplizierter, bald scheint sie völlig unlösbar.

Inkubation:

Du bewegst verschiedene Ansätze in der Vorstellung hin und her, probierst einiges aus, jedoch ohne zufriedenstellende Lösung. Der anfängliche Eifer schlägt um in Mutlosigkeit.

Illumination:

Bleibst du trotzdem dran, so wirst du durch einen plötzlichen Einfall belohnt, der dem ganzen Unternehmen eine neue Wende und eine Perspektive gibt.

Verifikation:

Plötzlich zeichnet sich ein gangbarer Weg ab, den du nun tatkräftig verfolgen kannst.

Nun kannst Du Deine Träume verwirklichen!

Damit hast Du einen Fingerzeig, wie Du vorgehen kannst, um Deine Träume zu verwirklichen. Als Erstes geht es darum, Dir klar zu machen, was Du Dir genau wünschst. Ja, ich weiß, das ist nicht so einfach. Bist Du soweit? Gut. Dann stell Dir vor, alles ist erlaubt und alles ist möglich, was Deinen Traum wirklich werden lässt. Am besten ist es, Du machst Dir ein genaues Bild davon, wie Du Dir Deine Zukunft in dieser Hinsicht vorstellst. Wie sieht es aus? Wie hört es sich an? Wie fühlt es sich an?

Der Liebe Reich ist aufgetan
Die Fabel fängt zu spinnen an
Die Welt wird Traum –
der Traum wird Welt
Das Urspiel der Natur beginnt und fällt."

Novalis

Dich selbst im kreativen Prozess wahrnehmen

Nun geht es darum, Dir genau auszumalen, wie Du Dein erträumtes Ziel erreichen kannst. Welchen Weg dorthin kannst Du beschreiten? Was brauchst Du dafür? Woher bekommst Du die nötige Unterstützung? Welche Deiner persönlichen Qualitäten kannst Du einsetzen? Oder handelt es sich beim angestrebten Ziel um Eigenschaften, die Du erst noch entwickeln möchtest? Dann wirst Du die Ressourcen dafür in Dir selber suchen müssen. In Deinem Inneren. Im Weiteren wirst Du herausfinden, wie Du sie dort finden kannst.

Alles ist unterschiedlich wahr.
Und doch gibt es das Wahre,
das manchmal nehmbar ist,
wenn es sich gibt.

Jean Gebser

3

Eine fehlende Brücke

Die Phase der Verunsicherung mündet oft in einem Gefühl der Ausweglosigkeit. Und dennoch gibt es irgendwann den rettenden Einfall. Es wird deutlich, dass die Beharrlichkeit eine wichtige Brücke bildet zwischen diesen Phasen.

Bild 8

Jesus sagt, dass der Same, wenn er in den Boden kommt, gewissermaßen stirbt. Unsichtbar harrt er den ganzen Winter über in der kalten Erde aus. Und dann im Frühjahr, wenn seine Zeit gekommen ist, bricht der Keim durch die Erdkruste und erwacht zu neuem Leben. Erwacht zu seiner Bestimmung!

Phase der Beharrlichkeit

Oft liegt eine Zeit der Ungewissheit zwischen dem Suchen und dem Finden der Lösung. Hier gilt es, mit Geduld und Ausdauer an der Sache dran zu bleiben. Das verlangt von Dir einen starken Willen. Dabei kann Ungeduld zu einem »Erzwingen-Wollen« ausarten. Deshalb habe ich unter 2a die Phase der Beharrlichkeit eingefügt. Mangelt es Dir beim Kreationsprozess an Beharrlichkeit, so kann es geschehen, dass Du den Weg der Kreation verlässt und Dich in der Phase der Depression wiederfindest, also in der vierten Phase des Sterbeprozesses (siehe Einleitungsband S. 49). Wenn Du dort angelangt bist, führt Dich der Weg wieder zurück, bis Du Dir in der fünften Phase das Scheitern Deines Vorhabens eingestehen musst. Dann ist Dein Traum endgültig geplatzt und somit tatsächlich gestorben! Wenn Du diesen Weg schon einige Male gegangen bist, verlierst Du womöglich das Vertrauen in Deine kreativen Fähigkeiten.

Im Vertrauen auf Deine Kreativität bleiben

Der Wechsel aus den Kreations-

Kreationsphasen in Anlehnung an Wallas

1. Preparation
   Phase der Vorbereitung
2. Inkubation
   Phase der Verunsicherung
2a Geduld
   Phase der Beharrlichkeit
3. Illumination Geistesblitz
   Phase der Einsicht
4. Verifikation
   Phase der Elaboration
   Gestaltungsphase

Bild 9

phasen in die Sterbe-Phasen

Sterbephasen nach Kübler-Ross

○○(**4. Vorbereitende Depression**)

3. Verhandeln

2. Ungeduld / Zorn, Bekämpfen-Wollen

1. Verleugnen Schock

5. Einwilligung
gesteigertes Selbstvertrauen

Bild 10

Beharrlichkeit oder Geduld

meint einfach, dass Du unbeirrt an einer Sache, die Dir wichtig ist, dranbleibst. Die Bibel spricht vom Gleichmut. Das I-Ging nennt es Beständigkeit und gibt uns folgenden Rat:

»Beständigkeit bringt Fortschritt und befreit von Irrtümern. Im rechten Beharren liegt Vorteil. Weiterhin ist es von Vorteil, ein Ziel zu haben. Aktives Durchdringen bildet die Bedingung für die Beständigkeit. Deshalb bleibt der Edle fest und lässt nicht von seinem Plan ab.«

Wing, 1982, S. 164

Mit deutlichen Worten wird hier betont, wie wichtig es ist, ein Ziel, einen Plan zu haben. Dieses Ziel soll uneingeschränkt durchdrungen und mit Beständigkeit verfolgt werden. Also Beharrlichkeit. Also Geduld. Dabei dürfte zu den Irrtümern all das zählen, was Dich veranlassen kann, vom einmal gefassten Plan abzuweichen, die Geduld und den Glauben daran zu verlieren oder ihn ganz und gar aufzugeben.

Lass es nicht untergehen
in den inneren Bildern,
Lass auch das Dunkle geschehn,
das Licht wird es mildern:

Alles braucht seine Zeit,
und selbst die Ewigkeit
braucht sie, um sich zu
schildern.

Jean Gebser

Lass dir keinen Strich durch die Rechnung machen!

Verfolgst Du Deine Ziele nicht mit Beharrlichkeit, bist Du bald durch einen Misserfolg entmutigt, zaghaft oder depressiv und machst Dir Sorgen. Das Sorgen-Machen ist ein aktiver Abbauprozess. Kreativer Gestaltungswille weicht der Destruktivität. Der schöpferische Geburtsvorgang zum Sterbeprozess. Vielleicht führt Dich Dein Weg auf Umwege. Sie sind manchmal wichtige Schritte hin zur Lösung. Eine Krankheit, die Dich wieder zu Dir führt, kann eine wichtige Hilfe sein. Du kannst die Krankheit nutzen, um Dich von etwas Altem hinderlich Gewordenem zu lösen. Der Weg ist dann frei für die richtige Inspiration. Danach kannst Du gestärkt und gefestigt den Weg weiter beschreiten. Den Weg zur Realisierung Deines Traumes! Jetzt kannst Du Deinen Plan auf eine feste Basis stellen und ihn zur Vollendung führen. Auch auf dem Weg durch eine Krankheit oder Krise kann dir eine Inspiration zur Hilfe kommen.

4

Die Krise im Schöpfungsprozess lässt sich überwinden!

Besonders in den Phasen der Verunsicherung und der Beharrlichkeit können Krisen entstehen, seien es kreative Krisen, Lebenskrisen oder gesundheitliche Krisen.

Wenn Du hier scheiterst, besteht die Gefahr, auch künftig an ähnlichen Hindernissen zu scheitern. Mit jedem Scheitern kann Dein Mut weiter sinken und ebenfalls das Vertrauen darin, auf dem richtigen Weg zu sein. Und Vertrauen brauchst Du, besonders, wenn sich die geeignete Lösung nicht so schnell zu erkennen gibt. So bleibt Dir nichts anderes übrig, als durchzuhalten, wenn Du diese unbestimmt lange Durststrecke überwinden willst. Und zu allem Überfluss bleibt der Ausgang bis zum Schluss ungewiss!

Wahrscheinlich kannst Du das gewünschte Ziel mit einem starken Vertrauen erreichen. Deshalb solltest Du jeden Zweifel zuvor beseitigen.

Der kreative Weg der Krisenbewältigung

orientiert sich an der Krisenintervention nach Verena Kast. Er entspricht weitgehend dem Kreationsprozess, wie wir ihn schon kennen:

1. Vorbereitung; 2. Verunsicherung;
3. Geduld; 4. Einsicht; 5. Gestaltung

Eine Krise kann sich lange **vorbereiten**, sie kann aber auch plötzlich in Erscheinung treten. Es kommt zu einer Überforderung, einer Eskalation, einer Zuspitzung, einer Stagnation oder gar einem Stillstand. Wenn Du in einer Krise feststeckst, glaubst Du, dass Du dringend Hilfe von außen benötigst. Du denkst, Du schaffst es nicht alleine und fühlst Dich **verunsichert**. Es ist gut, eine qualifizierte Begleitung durch die Krise zu haben. Das Entscheidende an jeder Krise ist gerade, dass Du, wenn es nicht mehr weiter geht, selbst den Weg heraus finden und auch gehen musst. Das kann niemand für Dich tun. Es ist ein Weg in ein bisher unbekanntes Gebiet.

Du betrittst Neuland. Von Dir werden Qualitäten gefordert, die Du bisher nicht hattest, oder Du wusstest nicht, dass Du sie hast. Du benötigst für die Überwindung der Krise viel **Geduld**. Und die größte Geduld musst Du mit Dir selbst haben. Es ist oftmals ein langer, steiniger Weg, der Deine Geduld auf eine harte Probe stellt. Er führt Dich durch Wut und Verzweiflung, durch einen Wust von Vorwürfen, Selbstzweifeln, Resignation und Mutlosigkeit. Alte Glaubenssätze erweisen sich als unbrauchbar. Erst wenn Du zur **Einsicht** und der damit verbundenen Selbsterkenntnis gekommen bist, öffnet sich eine Tür, die den Weg für Dich in die Weite freigibt. Nun geht es darum, die neue Erkenntnis in Dein Leben einzubauen. Dazu muss sie eingeübt und gefestigt werden. Endlich bist Du in der Phase der **Gestaltung** angekommen, die Bewährungsprobe für Deine neue Erkenntnis. Die Krisenbewältigung ist somit keine äußere, sondern eine innere Gestaltung. Sie ist eine Selbstgestaltung.

Zu einem neuen Menschen werden

Die Krise im Alterungsprozess

Zur Krise im Alterungsprozess kommt es, wenn Du erkennen musst, dass Du nicht mehr so weiterleben kannst wie bisher. Hier setzen üblicherweise all die Vorstellungen und Klischees über das Alter an:

Im Alter kann man dies nicht mehr,
und das kann man auch nicht mehr.

Im Alter geht alles langsamer und beschwerlicher.

Im Alter wird man gebrechlich und häufig krank.

Als alter Mensch hat man sein Leben gelebt und vom Leben nichts weiter zu erwarten.

Es ist leicht zu erkennen, dass hier ein einseitig negatives Bild gezeichnet wird. Ein Bild, dass leider von sehr vielen Menschen in ähnlicher Weise entworfen wird. Für viele scheint es der normale Lebensentwurf für das Alter zu sein. Vielleicht ist Dein Alter mehr als das Leben zuvor mit einer Reihe von Grenzerfahrungen verbunden. Die Krise des Alterungsprozesses besteht darin, Dir Deine Grenzen aufzuzeigen. Doch nicht, um Dich zu ärgern und Dir schwere Bürden aufzuhalsen. Genaugenommen war diese Grenze schon lange da, aber im Alter kannst Du ihr nicht mehr ausweichen. Nun liegt es an Dir, ob Du vor dieser Grenze resignierst, ob Du versuchst, sie einfach zu ignorieren oder ob Du sie akzeptierst und den in Gang gesetzten Prozess nutzt, um gewandelt Deinen Lebensweg weiter zu gehen. Denn diese Grenze existiert nur, damit sie von Dir – endlich – überwunden wird. Denn mit zunehmendem Alter wird auch die Zeit, sie zu überwinden, endlich.

Und das Alter zeigt Dir auch, wer wirklich Herr im Hause Deiner Gedanken und Gefühle, Deiner Seelenanteile und Deiner Teilpersönlichkeiten ist. Die Krise besteht weiter, jedoch nur so lange es Dir nicht gelingt, Ordnung im Haus der Teilpersönlichkeiten zu schaffen. Und dann kann die Krise, die als Chance gemeint war, zu einer Dauerkrise werden, die Dich überwindet.

Manchmal erweist es sich mit den Dingen, Menschen

oder Mächten, die auf Dich bedrohlich wirken und Dich ängstigen, wie mit dem Zauberer von Oz. Schaust Du hinter die Kulissen, erkennst Du, dass Dir nur etwas vorgespielt wird, was größer wirkt, als es tatsächlich ist. Allzu oft hast Du Dich an äußeren Erscheinungen orientiert und diese Bilder verinnerlicht, sie mit Erwartungen, Hoffnungen oder Befürchtungen verbunden.

Bild 11

44

Manchmal hast Du noch eine Rechnung offen,

die Du erst begleichen musst, bevor Du den nächsten Schritt in Deinem Leben tun kannst. Dann verstärkt sich der Eindruck in Deinem Inneren, Du hättest noch eine Schuld zu begleichen oder Du wärst einem Menschen oder der Gesellschaft noch etwas schuldig. Weil du Dich so oft betrogen fühlst, hast Du ein Bild von Dir als jemanden, der immer nur draufzahlt.

Bild 12

45

Woher kommen die inneren Bilder?

Wodurch sind sie zu Deinen inneren Bildern geworden? Wie kommt es, dass sich manche von ihnen verselbstständigen und Dein Denken, Fühlen und Handeln bestimmen? Wie kannst Du selbst Einfluss auf sie nehmen?

Nicht nur wir Menschen, sondern jedes Tier, jede Pflanze, grundsätzlich jedes Lebewesen benötigt innere Bilder. Als Naturwissenschaftler erklärt der Neurologe G. Hüther, dass sich die Frage, was ein lebendiger Organismus sei, nicht aus den Gesetzen der Physik und der Chemie allein ableiten lässt. Was ein Lebewesen zum Lebewesen macht und worüber offenbar jedes Lebewesen verfügt,

„ist ein in seinem Inneren angelegter Plan, eine seine innere Organisation lenkende und seine Strukturierung leitende Matrix, also ein inneres Bild von dem, wie es sein müsste oder werden könnte.“

G. Hüther, 2008, S. 33

Wie Du Dir selbst ein Bild machen kannst

Bist Du Deinen inneren Bildern ausgeliefert oder gibt es Wege, die es Dir ermöglichen, diese inneren Bilder zu verändern?

Dir selbst ein eigenes Bild machen

Wie Du im Prozess des Malens Schöpfer Deiner Bilder bist, so bist Du im Prozess des Lebens Schöpfer Deiner Persönlichkeit.

Bild 13

Die gestalterisch-künstlerische Arbeitsweise

kannst Du Dir am Vorgang des Malens veranschaulichen. Dabei ist es egal, ob Du mit Farben, Stiften oder Kreiden malst. Wenn Du anfängst, Dein Bild zu malen, fange es völlig voraussetzungslos an. Du beginnst einfach irgendetwas zu malen, und zwar einzig aus Deiner inneren Intention heraus. Auch wenn Du eine konkrete Vorstellung von dem haben solltest, was Du malen willst, bist Du zunächst frei in der Ausführung. Dann, nach einigem Weitermalen kannst Du innehalten, vom Bild zurücktreten und das Gewordene in Ruhe betrachten. Indem Du das bisher Entstandene auf Dich wirken lässt, bekommst Du eine Idee davon, wie das Bild weitergemalt werden kann. Diesen Impuls aufgreifend male weiter, betrachte es nach einiger Zeit erneut, korrigiere und ergänze das Gewordene. In diesem Wechselspiel aus Aktivität und Kontemplation, aus Machen und Geschehen lassen tastest Du Dich allmählich an das Bild heran.

Bild 14

Dein Bild zeigt, was in Dir steckt!

In jedem Zustand des Malprozesses ist Dein Bild eine Ganzheit. Jede kleine Veränderung verändert das ganze Bild. Jedes Bildelement steht mit den anderen in Beziehung. Eine kräftige Farbe lässt die anderen verblassen. Eine dominante Farbe ruft nach ihrer Komplementärfarbe, fordert Dich auf, für einen Ausgleich zu sorgen. Das Dunkle strebt zum Licht. Zartes verlangt Kräftiges. Starres, Festes sehnt sich nach Beweglichkeit. Wann ist eine Farbe zu dominant, eine Fläche zu dunkel oder eine Linie zu hart? Das steht in Beziehung zu Deinen Empfindungen, also zu Deiner Innenwelt. Die Farben und Formen Deines Bildes kommunizieren nicht nur untereinander, sondern auch mit Dir, d. h. mit Deiner eigenen inneren Bilder- und Gefühlswelt. Fühlst Du Dich stark, wirst Du mit kräftigen Farben malen, fühlst Du Dich schwach, so wählst Du eher zarte Töne. Was in Dir ist, wird durch Dein Malen ins Bild gesetzt.

Von der Innenwelt in die Außenwelt

Wie viele Bilder von der Welt und Deinem Erleben hast Du im Laufe des Lebens in Dir aufgenommen? Du hast sie verinnerlicht, sie Dir im wahrsten Sinne des Wortes eingebildet. Diese Art der Einbildung ist ein wichtiger Vorgang. Denn es handelt es sich um einen kreativen Prozess. Zuerst musst Du Dir ein Bild in Deinem Inneren machen, bevor Du es malend oder gestaltend nach außen setzen kannst. Handelt es sich bei dem, was Du Dir eingebildet hast, um ein lang gehegtes Traumbild? Oder ist es ein Gedankenbild, weil Du Dir gedanklich etwas bildhaft vorstellst? Oder ist es ein Erinnerungsbild, dass sich in Deine Seele eingeprägt hat? Kannst Du dieses Bild, aus welcher Quelle es auch stammen mag, in Deinem Inneren ganz klar und deutlich sehen, so wird es Dir gelingen, daraus eine neue Wirklichkeit zu schaffen. Wenn Du wirklich an Deine inneren Bilder glaubst, kannst Du sie zur äußeren Wirklichkeit machen.

„Nur, wenn wir uns der Herkunft und der Macht dieser Bilder bewusst werden, können wir auch darüber nachdenken, wie wir es anstellen, das künftig wir die Bilder und nicht die Bilder uns bestimmen."

Hüther, 2008, S. 10

An Deine inneren Bilder glauben und sie zur äußeren Wirklichkeit machen

„Während die kreative Problemlösung einen Gegenstand vorgegebenen Zielen und Zwecken unterordnet, von einem bereits bekannten Ziel (der Idee) ausgeht, arbeitet künstlerische Gestaltung auf ein Ziel hin – ein Ziel, das in diesem Prozess handelnd, langsam und schrittweise herausgearbeitet wird."

BRATER, 1989, S. 78

Die inneren Bilder zeigen Dir, wo Du gerade stehst

Ein wesentlicher Teil der Bildarbeit besteht im Heben der verborgenen Bilder. Diese verinnerlichten Bilder machen in der Summe das aus, woraus Du Dir im Laufe Deines Lebens oft unbewusst Dein Selbstbild kreiert hast. Genau wie Fotos aus vergangenen Zeiten bildet dieses alte, verinnerlichte Selbstbild nicht mehr die Person ab, die Du heute bist. Die Fotos zeigen Dir, wer du einmal warst, und die inneren Bilder geben Hinweise auf Dein gegenwärtig wirkliches Wesen. Dein Selbstbild weicht vielleicht davon ab, weil Du Dir wünscht, eine bestimmte Eigenschaft zu haben. Die inneren Bilder zeigen Dir, wo Du wirklich stehst. Wenn Du z. B. ein mutiger, tatkräftiger Mensch sein möchtest, dies Dir aber im Leben nicht so recht gelingen will, kann Dir ein inneres Bild zeigen, dass Du tatsächlich von Ängsten geleitet wirst. Du wirst erst dieses in Dir wirkende Bild wandeln müssen, damit Dir gelingen kann, was Du Dir wünscht.

6

Wie die Bilder Deiner Seele zu Dir sprechen

Die Bilder sind nicht einfach so da. Sie wollen Dir etwas sagen. Vielfach wollen sie dies schon sehr lange. Nur hast Du sie leider bisher kaum beachtet. Doch nun bist Du auf sie aufmerksam geworden. Nun können sie Dir ihre Botschaft mitteilen. Es gilt also, die Bilder, die Du durch Malen oder Meditieren ans Tageslicht befördert hast, zu befragen.

Zunächst müsst ihr beide euch erst einmal kennenlernen. Du, der äußere Mensch und das Bild aus dem Bereich Deines inneren Menschen. Wenn ihr lange getrennt wart, braucht ihr einfach eine gewisse Zeit, um das nötige Vertrauen und die Bereitschaft zu entwickeln, euch zu öffnen und einander zuzuhören. Ja, es geht nicht nur um ein Betrachten, sondern auch um ein Zuhören. Und wenn Du dann wirklich zuhörst, wird Dir eine Lebensgeschichte erzählt. Eine Geschichte, die Dir wahrscheinlich bekannt vorkommt. Es ist ein Wiederentdecken.

„Wenn Sie verstehen, wie Fragen funktionieren, fällt Ihnen die richtige in den Schoß, denn eine wahre Frage besteht aus demselben Material wie die Blockade. Der Block wird umgedreht und geöffnet, und man erhält Erlaubnis, auf einer tieferen Ebene schöpferisch zu wirken.

Sie müssen Ihre Fragen immer auf der Blockade, dem Urteil oder der Angst aufbauen, die Ihre Kreativität behindern. Sie fragen nicht, indem Sie Vermutungen anstellen, sondern indem Sie das benutzen, was schon vorhanden ist: Ihre Kritik oder Ihre Reaktion.

Ihre Urteile und Sorgen liefern die Bausteine für Ihre Frage. Indem Sie es sich erlauben, Urteile und Sorgen zu haben, werden diese verwandelt und geöffnet."

Cassou, 2003, S. 40

Die inneren Bilder befragen, um Blockaden aufzubrechen

Nicht nur was Du malst, sondern auch die Art, wie Du malst, sagst etwas über Dein Inneres aus. Anhand des Bildes bist Du mit Dir selbst konfrontiert, siehst und erlebst deutlich, wie Du den Prozess vorantreibst, welche Beziehungen Du pflegst und wie Du mit Misserfolgen umgehst.

Bild 15

Wer selbst nicht Künstler oder Therapeut ist, versäumt es oft, seine Lebensgeschichte aufzuarbeiten. Wie Du siehst, kannst Du Dir selbst über das Bild begegnen. Was Dein Verstand nicht fassen kann, wird durch Farben und Bilder ausdrückbar. Wenn es ausgedrückt werden kann, zeigt sich auch eine Möglichkeit der Klärung. Allein das Sichtbarmachen von bisher unsichtbaren und vor allem unbewusst wirkenden Gefühlen und Persönlichkeitsanteilen bildet einen wichtigen Schritt zur Klärung. Die Wahr*nehmung* von Seelenanteilen, die lange Zeit unbewusst wirkten. Deren Anerkennung und Akzeptanz ermöglicht erst ihre Erlösung und Wahr*gebung* (Das Geben dessen, was entsprechend der Wahrnehmung wahr ist). Was als ungeliebter Fremdkörper in der Verborgenheit verbannt war, kann angenommen und in die ganzheitliche Geborgenheit der Person integriert werden. Wenn Du in Deinem Leben in einer Blockade feststeckst und nicht weißt, wie es weitergeht, kannst Du Dein Inneres befragen und es wird Dir durch ein Bild eine Antwort geben.

So entwickelt das Malen eine Eigendynamik und es erweist sich gleichzeitig als offener Prozess, bei dem Du die Regeln vorgeben und auch jederzeit verändern kannst. Bist Du etwa ein ruhiger, besonnener Mensch, so wird sich dies zunächst auch in Deiner Malweise, Geschwindigkeit, Deiner Farbwahl und der sich entwickelnden Dynamik ausdrücken. Neigst Du vielleicht zu sanften Farben, wirst Du sie eher vorsichtig und zart auftragen. Wählst Du zunächst Farben, die du harmonisch zusammenstellst, dann kann es sein, dass Dir Dein Bild bald fad und langweilig erscheint. Solltest Du ein impulsiver Mensch sein, der eher ungeduldig ist und spontan seinen Gefühlen Ausdruck verleiht, wirst Du eher kraftvoll und virtuos zuwege gehen und mit den kräftigsten Farben hantieren. Schnell hast Du Dein Bild fertiggemacht und fängst sogleich eine Reihe weiterer Bilder an, die sich möglicherweise wenig unterscheiden und die Du allesamt als misslungen oder als Vorübungen ansiehst. Im Malen zeigst Du immer etwas von Deiner Persönlichkeit.

„Ziel der kreativen Suche ist es,

trotz aller Unwägbarkeiten und Hindernisse immer wieder zur Quelle des eigenen Seins zurückzukehren, zu jenem stillen Ort, dem Nullpunkt. Um das zu erreichen, muss man zunächst das Ego einsetzen. Seine Gedanken verschließen die Tore zur Intuition, und seine Gedanken müssen sie auch wieder öffnen. Lassen Sie zu, dass das Ego seine Anhaftungen und Ängste enthüllt, – viele, viele Schichten. Dann zerstören Sie die Macht seiner Aussagen mit Fragen. Wenn es bloßgestellt wird, verliert das Ego die Kontrolle und das Tor zu Ihrer Kreativität öffnet sich wieder. Kreativität verlangt von Ihnen, dass Sie sich Ihrer Gedanken bewusst sind. Ihre Urteile und Kritiken weisen Ihnen den Weg."

Cassou, 2003, S. 40

Traue der Kreativität, die in Dir wohnt

Der eigenen Kreativität zu vertrauen ist ungewohnt, weil es für die meisten von uns etwas völlig Neues ist. Anfangs mag es sich deshalb recht bedrohlich anfühlen – nicht nur für Dich selbst, sondern auch für die Menschen, die Dir nahestehen. Vielleicht empfindest Du Dich auf einmal als unberechenbar und wirst auch von anderen so wahrgenommen. Diese Unberechenbarkeit ist normal, wenn Du daran arbeitest, Deine Blockaden aufzulösen und Dich aus dem Sumpf zu befreien, in dem Du stecken geblieben bist.

Der durch das Malen angestoßene Prozess kann auch zu einem Gesundungsprozess werden. Dieser Prozess ist ein Geschehen in der Zeit. Ein Geschen mit zunächst ungewissem Ausgang. Hier sei noch einmal an die Wichtigkeit der Geduld erinnert. Geduldig sein meint einerseits ein Erdulden und Aushalten von Unerwartetem und

Unbequemen. Es meint aber auch eine Beharrlichkeit, wodurch Du Dich nicht abwimmeln
lässt und trotz Schwierigkeiten Deinen Weg
konsequent verfolgst und dran bleibst.

*...Im ersten Augenblick kann sich
geistige Gesundung anfühlen, als
verlöre man den Verstand.
Wachstum ist eine unberechenbare
Vorwärtsbewegung: zwei Schritte
nach vorn, einer zurück. Denken
Sie daran, und haben Sie Geduld
mit sich. Die kreative Genesung ist
ein Heilungsprozess.*

Cameron, 2005, S. 127

...Träumt Eure Träume also weiter und kümmert Euch nicht darum, ob es passieren kann oder nicht; webt sie zuerst. Viele haben ihre Träume dadurch getötet, dass sie herausfinden wollten, ob sie sie verwirklichen könnten oder nicht, bevor sie sie geträumt hatten. Wenn Ihr also erstklassige Träumer seid, träumt sie aus – gleich mehrere auf einmal – und seht dann, welche Realität sich einstellt, um sie zu verwirklichen, anstatt zu sagen: »O, mein Gott, was kann ich bei dieser Wirklichkeit überhaupt träumen?«

Satir, 1984

Künstlerisches Handeln und der Mut zum Träumen

Hast Du erst die Fähigkeit zum künstlerischen Handeln entwickelt bzw. sie wieder erweckt, dann wirst Du auch den Mut zum Träumen haben und die Zuversicht, dass Dir auch weiterhin Deine Unternehmungen gelingen werden.

Dadurch wirst Du die Bereitschaft zur eigenen Wandelbarkeit festigen. Mit diesem Rüstzeug kannst Du Deiner inneren Spur folgen. Und Du kannst getrost dem inneren Bild, dem Bild, das Du im Herzen trägst, von dem, was Du werden willst, Schritt für Schritt, Stufe für Stufe entgegengehen. Und damit schaffst Du Dir eine sichere Basis für Dein Alter.

Auch das gehört dazu: den Mut zu haben, Deinen Traum wie einen Luftballon wieder loszulassen. Du kannst ihn getrost loslassen, wenn Du gleichzeitig das Vertrauen entwickelt hast, dass er zur rechten Zeit in der rechten Weise zu Dir zurückkommt.

*Verbringe mindestens fünfzehn Minuten
am Tag damit, Träume zu weben.
Und wenn Du hundert gewebt hast,
werden wenigstens zwei davon ein
Leben annehmen.* Satir, 1984

![Bild 16]

Bild 16

65

7

Wie Dein inneres Bild erst das Problem benennt und Dich dann zur Lösung führt

Wenn Du im Leben immer wieder an eine Grenze kommst, kann Dir ein inneres Bild zeigen, was Dich im Innersten hindert oder blockiert. Geh z. B. in einer Meditation mit Deinem Bewusstsein in diese Grenzsituation. Lass in Dir ein Bild entstehen. Dann kannst Du das Bild fragen, welche Botschaft es für Dich hat. Frage es, was es sich von Dir wünscht. Entscheidest Du Dich auf Deine innere Stimme zu hören, wird es Dir gelingen, zu Dir selbst zu reifen. In der Praxis wirst Du noch eine Weile mit der Ungewissheit leben müssen, ob Dir die Lösung des Problems wirklich gelingt. Du kannst auch weiterhin Deiner Kreativität vertrauen und weiterhin Deine inneren Bilder befragen, um Stück für Stück Blockaden aufzubrechen. Ist Dir das gelungen, kannst Du von Dir ein neues Bild machen und so zu einem neuen Menschen werden. Wichtig ist es, an dieses neue Bild, das in Deinem Inneren entstanden ist, zu glauben, damit es im Laufe der Zeit zu Deiner neuen Wirklichkeit werden kann.

Der in diesem Buch von mir beschriebene Weg umfasst die folgenden zehn Schritte:

1. Verborgene Wirkmächte ins Bild setzen

2. Die Botschaft des Bildes für Dich erkennen

3. Auf Dich und Deine innere Stimme hören

4. Hin zu Dir selbst reifen

5. Ungewissheit aushalten können

6. Im Vertrauen auf Deine Kreativität bleiben

7. Die inneren Bilder befragen,
   um Blockaden aufzubrechen

8. Dir selbst ein eigenes Bild machen

9. Zu einem neuen Menschen werden

10. An Deine inneren Bilder glauben und
    sie zur äußeren Wirklichkeit machen

Deinen Bilderschatz fürs Alter nutzen

Die Bilder, die jetzt zu Dir sprechen, sind nicht nur Erinnerungen an Deine Vergangenheit. In ihnen ist durchaus auch Zukünftiges verborgen. Nun gilt es, diesen Schatz zu bergen, damit er für Dein weiteres Leben und für Dein Alter von Nutzen sein kann.

Wenn Du es zulässt, dann malt sich das Bild gewissermaßen selbst. Lässt Du Dich jedoch von Deinem Verstand leiten, dann kann es passieren, dass Du im Gewohnten stecken bleibst, weil Du nur Altbekanntes wiederholst.

Wichtig ist also, Dich zu entscheiden: Bleibe ich in der Sicherheit, oder wage ich es, mich auf Unbekanntes und Unerwartetes einzulassen? Die Freiheit der Entscheidung liegt somit bei Dir. Der Therapeut, die Kunst und das Bild sowie dieses Buch können Dich auf Deinem Weg unterstützen. Gehen musst Du Deinen Weg selbst. Ich hoffe, ich konnte Dich dazu ermutigen.

Quellenverzeichnis der verwendeten Bilder

Titel: Norbert Wickbold, Aquarell 1994,
Herzen öffnen
Bild 1: Foto, Norbert Wickbold
Bild 2: Foto, Motiv auf der Mainau entdeckt,
Bild 3: Laokoon-Gruppe im Großmeisterpalast von
Rhodos
Bild 4: Foto, Norbert Wickbold
Bild 5: Foto, Festbeleuchtung auf Malta
Bild 6: Steinplastik im Park der Findhorn
Community, Schottland
Bild 7: Foto, Norbert Wickbold
Bild 8: Foto, Motiv in Lindau entdeckt
Bild 9: Farbenspiel am Strand von Ischia
Bild 10: Foto, Winterimpression
Bild 11: Sandplastik am Timmersdorfer Strand,
farblich angepasst
Bild 12: Drehorgelwagen in einer Werksausstellung
der Firma Raffin, Überlingen, Ausschnitt
Bild 13: Ischia, Giardini La Mortella, Sonnentempel
Bild 14: Sandplastik am Timmersdorfer Strand
Bild 15: Ischia, Giardini La Mortella, Sonnentempel
Foto bearbeitet
Bild 16: Foto beim Abschluss des Forums der Psycho-
synthese in Überlingen »Lebensträume«

Sieben Wege zum kreativen Älterwerden

E Das Lebensschiff bis ins hohe Alter

souverän steuern

1. Die Bilder deiner Seele sprechen lassen

2. Deine Biografie als Gestaltungsaufgabe

3. Dreh dich nicht um! Deine Blockaden lösen

4. Auf künstlerischen Wegen deiner

Weisheit entgegen

5. Mit Worten malen

6. Empfangen der Würde im Alter

7. Wer weiß, wie wir mal werden?

Die Bücher von Norbert Wickbold

finden Sie auf den folgenden Seiten

Der Ratgeber zum Älterwerden:

Wer weiß, wie wir mal werden?

Selbstentwicklung kreativ fürs Alter nutzen

Im Alter würdevoll Leben möglichst ohne Leiden zu müssen, dass wünschen sich viele Menschen. Ist das möglich? Nach 22 Jahren Arbeit in der Altenpflege behaupte ich: Ja! Es ist möglich, wenn wir bereit sind, unser Leid anzunehmen. Dann können wir es wandeln. Mithilfe unserer Lebenserfahrung, der Kunst und verschiedener therapeutischer Ansätze können wir einen inneren Wandel vollziehen und den Abbau- und Sterbeprozess kreativ wandeln in einen Aufbau- und Integrationsprozess.

Das Buch vereint viele Beispiele aus Praxis, Kunst, Dichtung und Forschung und zeigt sieben Wege zum kreativen Altwerden auf.

384 Seiten, mit vielen, teils farbigen Abbildungen

Tb: € 24,49 (D)

geb: € 30,80 (D)

eBook: € 2,99 (D)

ISBN:
978-3-8495-9811-2 (Tb.)
978-3-8495-9812-9 (geb.)
978-3-8495-9813-6 (e-Book)

Die Seminarbücher:

Sieben Wege zum kreativen Älterwerden

Hier werden sieben Wege aufgezeigt, die dich befähigen, auch im Alter eine Persönlichkeit zu sein, die souverän und weise ihr Leben führt.

Das Lebensschiff
bis ins hohe Alter
souverän steuern

Die Bilder der Seele
sprechen lassen

Die Biografie als
Gestaltungsaufgabe

Dreh dich nicht um!
Die Blockaden lösen

Zu jedem Weg werden Seminare angeboten. In lockerer Folge erscheinen weitere Themenbücher, die unabhängig voneinander durchgearbeitet werden können.

Tb: € 10,00 (D) geb: € 18,80 (D) eBook: € 2,99 (D)

Auf künstlerischen
Wegen der Weisheit
entgegen

Empfangen der
Würde im Alter

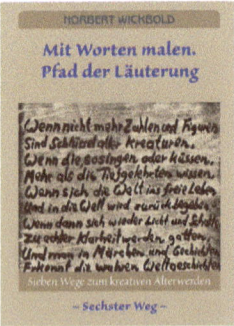

Mit Worten malen.
Pfad der Läuterung

Die Teile des Lebens
zum Ganzen
zusammenfügen

Der Roman, der zur Quelle führt:

Die Wiederkehr der Morgenlandfahrer

Die Idee der Morgenlandfahrer Hermann Hesses wird hier wieder aufgegriffen und mit hochaktuellen Themen verknüpft: Auf der einen Seite steht eine gigantische, den Globus beherrschende Wirtschaftsmacht, und ihr gegenüber befindet sich die entmachtete Gruppe der vielen. Ein paar wenige wagen es, um ihr Grundrecht auf sauberes Wasser zu kämpfen und bringen das Machtgefüge der Weltmacht an seine Grenzen. Der Roman:

Die Wiederkehr der Morgenlandfahrer

gibt Hoffnung auf die Kraft von Einzelnen, die ihre innere Quelle gefunden haben. Hier geht es darum, seinem Stern zu folgen und daraus Kraft für die Bewältigung auch sehr schwieriger Aufgaben zu ziehen. Die Reise der Morgenlandfahrer ist eine Reise durch die innere Wüste seiner eigenen Seele. Es ist eine Reise zur inneren Quelle. Sieben Künste weisen den Weg dorthin. Jeder findet seinen eigenen Weg. Der Leser bekommt einen spannenden Roman vorgelegt, der Hoffnung machen will, dass auch eine globale Bedrohung überwindbar ist.

Er kann sich ohne Weiteres in einer der Hauptfiguren wiederfinden und erhält somit schnell einen eigenen Bezug zu Thema und Inhalt des Romans. Und er kann sich auf seinen eigenen Weg zu seiner eigenen Quelle begeben!

336 Seiten € **18,50** (D) Tb

ISBN: 978-3-8495-9890-7 (Tb.)
      978-3-8495-9891-4 (geb.)
      978-3-8495-9892-1 (e-Book)

Geschichten aus dem Paradies
Jubiläumsausgabe!

Tb: € 12,80 (D)

geb: € 19,80 (D)

e-Book: € 2,99 (D)

ISBN:
978-3-7323-2611-2 (Tb.)
978-3-7323-2612-9 (geb.)
978-3-7323-2613-6 (e-book)

Zum Anliegen der Denkzettel

Hier werden Lebensthemen oder politische Themen in oftmals ungewöhnliche Denk- und Sichtweise humorvoll oder eher besinnlich erörtert. Jeder Band umfasst zehn Texte, die nicht allzu ernst genommen werden sollen, denn ich möchte dazu beitragen, allzu engstirnige Denkweisen aufzulockern. Vielleicht kommen Sie bei deren Lektüre ins Schmunzeln und es fällt Ihnen anschließend leichter, Altbekanntes neu zu betrachten und es auf bisher ungeahnte Weise zu bedenken.

Tb Nr. 1 – 5: € 9,50 (D) und ab Nr. 6: € 10,80 (D)

Die Gedichte und Gedanken:
Was seht ihr denn?
42 Gedichte und Gedanken

Wie viele Gedanken gehen uns durch den Kopf und ziehen sehr schnell wieder weiter? Einige hinterlassen bleibende Spuren, andere geraten bald wieder in Vergessenheit. Neue Ereignisse und neue Gedanken verdrängen unsere Gedanken von gestern.

Einmal innezuhalten! Dies alles von ferne nur zu betrachten. Es aufzuschreiben, um die Gespenster, die in unseren Hirnen spuken, zu vertreiben.

Hier sind sie versammelt:
42 Gedichte und Gedanken aus drei ereignisreichen Jahrzehnten, die tatsächlich in Worte festgehalten und niedergeschrieben wurden. Sie sind manchmal sehr persönlich oder poetisch, mal politisch und manchmal eher philosophisch.

Format: 120 x 190 mm,
60 Seiten

Tb: € 7,50 (D)

geb: € 13,50 (D)

e-Book: € 2,99 (D)

ISBN:
978-3-7323-1126-2 (Tb.)
978-3-7323-1127-9 (geb.)
978-3-7323-1128-6 (e-book)

Der Autor:

Norbert Wickbold

1973- 1984 Lehr- und Gesellen-
jahre als Elektriker,
drei Semester Physik-
Studium, UNI Bremen

1985- 1989 Diplom-Studium in
Kunsttherapie/Kunstpäda-
gogik und freie Arbeit

1994 Altenpflegeausbildung, Arbeit als Altenpfleger

2001 Fortbildung zur Fachkraft Gerontopsychiatrie

2002 Abschlussarbeit: Kunsttherapie im Alter

2003 Beginn meiner schriftstellerischen Arbeit

2005 bis 2012 Leitung von Gedächtnistrainingskursen

2008- 2010 Master-Studium in Erwachsenenbildung

2007 Fertigstellung der 1.Fassung des Romans:
- *Die Wiederkehr der Morgenlandfahrer*

2008 • *Norbert Wickbolds kleine Denkzettel*
starten mit: *Das Henne-Ei-Paradoxon*

2010 • *Vom Sinn des Lebens, des Sterbens und der
Aufgabe des Alters* in Heft 23 der Zeitschrift:
»Psychosynthese«, Navo-Verlag, Zürich

2014 • *Wer weiß, wie wir mal werden?* wird im
Tradition-Verlag, Hamburg veröffentlicht

2015 • *Die Wiederkehr der Morgenlandfahrer* und
• *Was seht ihr denn? – 42 Gedichte und Gedanken*
• *Denkzettel – Die ersten zehn*

2016 • *Denkzettel –die zweite Dekade(Staffel)* Bis

2019 • *Denkzettel – dritte bis fünfte Staffel*

2020 • *Geschichten aus dem Paradies*
• *Sieben Wege zum kreativen Älterwerden – Einleitung*
• *Denkzettel – sechste Staffel*

2021 • *Die Bilder der Seele sprechen lassen*
• *Denkzettel – Die siebte Staffel*

weitere Infos:

Norbert Wickbold
n.wickbold@heilkunstundfarbenpracht.info
www.heilkunstundfarbenpracht.de

Bücher erhältlich über
www.tredition.de

Zeitfracht Medien GmbH
Ferdinand-Jühlke-Straße 7
99095 Erfurt, Deutschland
produktsicherheit@kolibri360.de